# A SON EXCELLENCE

## LE

# MINISTRE SECRÉTAIRE D'ÉTAT

# DES FINANCES.

## A PARIS,

Chez Anthelme BOUCHER, IMPRIMEUR-LIBRAIRE,
RUE DES BONS-ENFANS, N°. 34;
ET TOUS LES MARCHANDS DE NOUVEAUTÉS.

1824.

A SON EXCELLENCE

LE

# MINISTRE SECRÉTAIRE-D'ÉTAT

# DES FINANCES.

Paris, le 23 avril 1824.

Monsieur le Comte,

Un malheureux vieillard, qui sur le déclin de ses jours, voit ses ressources diminuées d'un cinquième par votre projet du remboursement forcé de la rente, me prie de transmettre à Votre Excellence ses réflexions sur ce projet qui porte un si grand préjudice à son existence.

Il dit que cette mesure, également désastreuse pour les rentiers, est sans avantage et même ruineuse pour l'État;

Favorable à l'usure, profitable aux marchands d'argent;

Faite dans l'intérêt de tous les genres d'agiotage, et des gros joueurs de la bourse.

Il ose, et si je ne comptais un peu sur l'extrême indulgence de Votre Excellence, et sur le privilége de mon sexe, je ne devrais pas le répéter, il ose l'élever au-dessus de l'abbé Terray, pour *sa hardiesse et son habileté* . . . . . . .

Enfin, il prétend que ce projet est injuste.

Ce bon vieillard est usufruitier de 1200 fr. de rente sur l'état, dont la nue propriété appartient à ses enfans; il ne pense pas qu'il soit de l'intérêt de sa famille d'attendre ou le remboursement au pair, ou la réduction à 4 pour cent. Il voulait vendre et réaliser ainsi un bénéfice de 3 pour cent, qui lui eût permis de voir les résultats de l'opération annoncée.

Ses enfans approuvaient les dispositions qu'il avait projetées, lorsque les commis du ministère de Votre Excellence sont venus mettre obstacle à leur réalisation.

Ils ont découvert que l'acte qui le rend propriétaire de l'usufruit de ces 1200 fr., en donne la propriété à ses enfans *nés et à naître*; et, bien qu'il ait 72 ans, vos commis ont pensé que lui et ses enfants nés ne pouvaient pas disposer seuls de cette rente. Il est rare, il est vrai, qu'un homme de 72 ans ait de nouveaux héritiers; mais, M. le comte, la chose est possible....

Telle est sa position; la mienne est à-peu-près semblable. J'ai aussi 1200 fr. de rentes sur le grand-livre, qui m'ont été donnés à la condition de ne pouvoir ni les vendre, ni les céder, et pour que j'eusse toujours au moins du pain.

Le propriétaire du fonds, M. le comte, ne veut

pas vendre, il aime mieux me voir souffrir et aug-
menter son capital.

On dit que vous comptez là-dessus, car on assure
que tout le numéraire de l'Europe ne serait pas suffi-
sant pour nous rembourser. S'il en est ainsi, votre
projet n'est donc pas fondé sur la justice?

Il ne peut pas se trouver beaucoup de rentiers
dans le cas de ce bon vieillard, mon voisin; c'est ce
qui lui a donné l'idée de s'adresser à vous, pensant
que dans les 57 millions de réservés, on pourrait
le comprendre dans une des classes exceptées.

Votre Excellence, toujours protectrice des in-
fortunés, prompte à réparer les injustices qui lui sont
dénoncées, soigneuse surtout d'en éviter de nou-
velles, demandera sans doute un rapport sur cet
objet particulier.

Car ce projet, qui va réduire la rente de mon vieillard et la mienne de 1200 fr. à 960 fr., est certainement un beau et sublime projet, puisque Votre
Excellence a pris la peine de nous le dire, et que
tous les jours des gens sans intérêt dans la chose
nous le répètent.

Vous savez que la répétition est la plus persuasive
de toutes les figures de rhétorique; aussi le jour où
Votre Excellence aura trouvé le moyen de le faire
dire par tous ceux qui écrivent, la foule de ceux
qui lisent le croira.

Jusque-là, M. le comte, mon vieillard viendra

me répéter tous les matins que le projet de remboursement forcé est désastreux pour lui. Votre Excellence en sera persuadée, lorsqu'elle saura que son projet le prive de son déjeuner. La privation du déjeuner d'un vieillard de 72 ans, peut donc excuser un peu de mauvaise humeur.

Je ne partage pas son opinion sur tous les points; car enfin, pour qu'une action soit injuste, il faut que celui qui la commet n'ait pas le droit de la commettre.

Or, Votre Excellence me fait prouver tous les jours que l'état a le droit de rembourser la dette. A la vérité, on dit pour elle, tantôt que l'état est hors du droit commun dans ses transactions avec les particuliers.

Tantôt que le principe de législation civile, que personne ne peut être contraint de rester débiteur malgré lui, n'est pas applicable au gouvernement.

On dit aussi que l'art. 1911 du code civil, qui porte : « que la rente constituée en perpétuel est essentiellement rachetable. »

Que les parties peuvent seulement convenir que le rachat ne sera pas fait avant un délai qui ne pourra excéder dix ans, *ou sans avoir averti le créancier au terme d'avance qu'elles auront déterminé*, est applicable à l'espèce.

On dit encore : que quand le gouvernement fait

avec les particuliers des transactions analogues à celles qu'ils font entre eux, il devient un contractant ordinaire et subit la loi de tous.

On ajoute enfin : que les rentes sur l'état sont assimilées aux rentes sur particuliers. Mon voisin pense que Votre Excellence ne croit pas un mot de cette dernière assertion; car il doit suffire de faire raisonner à ses oreilles le seul mot insaisissable, en vertu, dit-il, d'une loi du 8 nivôse an VI; il prétend qu'on ne cite pas non plus pour vous la longue loi du 24 août 1793, qui a créé le grand-livre de la dette publique, et qui n'emploie jamais que l'expression de rentes perpétuelles; mais il croit voir des contradictions dans ce qui précède.

Pour moi, qui ne crois pas que Votre Excellence puisse se contredire, je lui réponds: que l'abondance de raisons et de motifs, même contraires, ne prouve que la justice de la mesure, puisque tous ces raisonnemens ont la même conclusion, et qu'il vaut bien mieux avoir deux ou plusieurs chemins pour arriver à un but, que de suivre toujours le même sentier.

Cependant je dois avouer à Votre Excellence qu'elle m'a un peu ramenée à son opinion, à force de me commenter ces expressions de l'art. 1911 : *le rachat ne pourra être fait sans avoir averti le créancier au terme d'avance que les parties auront déterminé.*

Mille pardons, Monseigneur, d'oser vous parler de droit, mais je tiens à mes 240 fr. de rente que Votre Excellence veut m'ôter, et mon voisin tient à son déjeuner; notre position nous servira donc d'excuse.

Or, Monseigneur, l'état que vous représentez a-t-il stipulé dans les emprunts comme un particulier? A-t-il subi la loi de tous? Est-il devenu un particulier, ou bien l'état est-il hors du droit commun?

Dans le premier cas, M. le Comte, mon vieillard est déterminé à vous appeler devant les tribunaux, et il m'engage fortement à me joindre à lui pour plaider contre vous. Il prétend que cette disposition de l'art. 1911 est susceptible de plusieurs interprétations ; que les tribunaux fondent toujours leurs décisions sur l'intention présumée des parties; ici cette intention ne saurait être douteuse, nous n'avons jamais eu l'intention d'être remboursés qu'au moment où nos semestres n'étaient pas payés. Mais alors, M. le Comte, si nous eussions invoqué le droit de tous; si nous eussions, après un commandement préalable, fait saisir les bâtimens de l'hôtel de Votre Excellence, quelle eût été sa réponse : *l'État n'est pas soumis aux lois des particuliers, il est hors du droit commun.*

Pourquoi donc y rentrer aujourd'hui pour commettre une injustice? Si vous êtes en mesure de me rembourser aujourd'hui, eh bien ! faites un nouveau bail avec moi ; et si vos caisses regorgent de richesses, employez-les, encouragez l'industrie ; des masses de capitaux y seront d'une bien plus grande utilité ; suivez le conseil que vous nous donniez ; et, à l'expiration de la période que nous allons parcourir ensemble , vous pourrez , avec vos économies, rendre ma condition meilleure ; c'est le devoir d'un bon père de famille, d'un bon administrateur , et vous êtes le nôtre.

Ce raisonnement de mon voisin, Monseigneur, n'a probablement pas le sens commun ; mais, en secrétaire fidèle , je suis obligée de vous le transmettre.

Mon vieillard ose dire que le projet de Votre Excellence est désastreux pour les petits rentiers.

Vous savez, M. le Comte , que , parmi les rentiers, il en est une infinité qui ne sont qu'usufruitiers, tous ceux qui ont amassé leurs rentes étant au service, n'en ont pas la propriété ; et malgré tous les avantages que vous leur promettez, en laissant leur argent en rente, ils sont tous portés à le retirer , parce qu'ils espèrent en obtenir un meilleur parti. Les malheureux se trompent, sans doute ; mais avant d'arriver là , que de désagrémens pour ceux qui ont le bonheur de réussir ; il faut aller chercher le maître, le propriétaire du capital , qui est toujours un homme riche, lui parler d'un placement ; il renvoie à ses gens d'affaires ; pendant ce temps, les fonds dormiront chez un no-

taire , peut-être chez un agent-de-change! On cher-
che un placement hypothécaire. Votre Excellence
sait combien il est difficile d'en trouver à Paris
pour de petites sommes ; il faut qu'il convienne ensuite aux intéressés , et ce que l'un aura trouvé
bon , le sera rarement pour l'autre. Et si l'homme
riche est un égoïste, s'il préfère à l'avantage de
son vieux serviteur, dont il a oublié les services,
l'augmentation de son capital dans le temps à
venir ; s'il a des affaires embarrassées ; s'il est
mort; s'il a laissé des enfans , dont un seul soit
mineur , la chose n'est plus possible , et le remboursement offert n'est qu'une illusion, votre im-
pitoyable réduction est prononcée..... Alors , Monseigneur , qu'arrive-t-il ? vous avez retranché le
nécessaire à une famille nombreuse.

Le cinquième du revenu , M. le Comte , dans
une famille pauvre , c'est le repas du matin et celui
du soir ; et lorsqu'il n'y a que le nécessaire, c'est
une perspective terrible pour les pauvres enfans, de
travailler sans déjeuner et de se coucher sans souper.

Voilà des enfans qui n'apprendront pas à bénir
votre nom.

Mais, dira-t-on , tous les petits rentiers ne sont
pas aussi malheureux; non, M. le Comte, il en est
que l'habitude de l'économie a mis dans une sorte
d'aisance ; à ceux-là, votre projet ne retranche que
le tabac et le café au lait. Votre Excellence n'ignore
pas cependant que ce sont des objets de première
nécessité à Paris.

Ceux-là encore ne chanteront pas vos louanges.

Quant à la classe de ceux, Monseigneur, qui, propriétaires en entier de leur rente, ont vendu et retiré leurs fonds, leur position n'est pas plus avantageuse, ils ne trouvent pas à placer, et, loin de faire refluer leurs fonds vers l'industrie ou vers l'agriculture, ils les ont cachés. Votre Excellence le sait ; du moins la difficulté qu'on éprouvait, il y a huit jours, à se procurer des billets de banque, a dû le lui prouver.

Les malheureux mangent donc aujourd'hui leur capital ; ils cherchent à utiliser leur argent ; mais la cupidité veille autour d'eux ; et s'ils échappent à ses premiers piéges, ce ne sera que pour tomber dans d'autres.

Ceux-là aussi, Monseigneur, doivent-ils vous bénir ???

Votre Excellence excusera, sans doute, toute cette intempérie de langage, si cette lettre arrive jusqu'à elle, lorsqu'elle saura que c'est un malheureux vieillard et une femme qui se permettent de lui écrire.

Mon vieillard m'assure que Votre Excellence a un grand fond de stoïcisme ; elle répondit, dit-on, un jour aux propriétaires d'un département renommé par son dévouement au Roi et par ses vignes, qui lui représentaient que les entraves mises par elle à l'introduction de certaines marchandises, al-

laient les priver de tous moyens d'exportation :
« *Eh bien , Messieurs , vous boirez votre vin.* »
Le mot est joli ; mais Votre Excellence dira-t-elle
à la mère qui lui demandera du pain pour ses en-
enfans : « *Donnez-leur le fouet.* » Le mot cesse-
rait d'être plaisant !

Quoi qu'il en soit, Monseigneur, l'intérêt et la
reconnaissance que votre caractère a inspirés à tous
ceux qui partagent vos idées et vos principes , et
nous aimions , mon vieillard et moi, à nous comp-
ter dans le nombre, m'enhardissent à vous faire part
de mes craintes sur un calcul que quelque mé-
chant écrivain pourra se permettre.

Le Ministre , dit-il , évalue à dix mille les propriétaires de petites rentes ; cela fait dix mille familles , composées au moins de sept individus ; total , soixante-dix mille personnes qui sont journel-
lement occupées à le maudire. Vous pensez bien ,
M. le Comte, que je ne suis pas du nombre de ceux-
là : d'un peu de mauvaise humeur que votre projet
nous cause , à l'oubli de la reconnaissance , il y a
loin.

Le calculateur pourrait continuer ainsi : en sup-
posant que le ministre ne soit maudit qu'une seule
fois par chaque individu dans les vingt-quatre heures, on trouve soixante-dix mille malédictions par
jour, trois mille environ par heures, et cinquante
à-peu-près par minutes.

« Tu ne te feras point haïr, a dit le Seigneur

» (*Ecclésiaste*), car tôt ou tard la haine retom-
» bera sur toi ou sur tes enfans. »

On prétend ensuite que votre projet est sans avantage pour l'Etat ; mon vieillard dit que vous augmentez le capital de la dette d'un milliard pour économiser 28 millions de revenu, et que vous as-surez qu'avec la même somme, 100 fr. par exem-ple, vous ne racheterez plus 99 fr. 95 c., comme il y a quelques mois, et comme cela s'entend d'ail-leurs, mais bien 133 fr. 33 cent. Il faut cependant, Monseigneur, qu'il y ait du bon et du vrai dans cette proposition, car hier un honorable orateur a dit la même chose ; à la vérité, il a ajouté que vous n'aviez pas jugé à propos de lui faire voir tou-tes vos ressources, mais qu'il n'en était pas moins certain que vous aviez raison, parce que vous n'au-riez pas fait l'opération si vous n'eussiez pas été certain de sa réussite. Je trouve, pour moi, que le raisonnement est péremptoire, la parole d'un mi-nistre doit toujours suffire. Cependant....., avec 100 fr. en racheter 133 fr. 33 cent., c'est bien fort, dit mon vieillard en s'en allant.

Ma lettre est déjà tellement longue, Monsei-gneur, que je lui impose silence sur cet article pour écrire ses observations sur le surplus.

Favorable à l'usure, votre projet, Monseigneur, je ne l'aurais jamais cru, si l'on ne m'avait démontré que depuis six semaines le meilleur papier ne s'était fait qu'à 1/2 pour 100 par mois, tandis qu'au para-vant on le *faisait* à 1/3 ou à 1/4.

*Profitable aux marchands d'argent*, puisque vous les autorisez à prêter sur gage à 1 et 1/2 et plus pour 100 par mois..... Tel a été le report du mois.

*Profitable à l'agiotage* et *aux gros joueurs*, et voici, Monseigneur, comme mon vieillard s'explique :

Ces Messieurs, dit-il, ont vendu la rente à 104 ou 105. Ils ont déjà réalisé un bénéfice de 5 pour 100; ci. . . . . . . . . . . . . . . . . . . . . 5 fr.

Ils prêtent cet argent, et ils vont continuer à le prêter à 1 et à 1 1/2 pour 100, et comme les intérêts sur les mêmes sommes se trouvent capitalisés et reportés tous les mois, ce n'est pas un calcul exagéré que de mettre pour six mois 10 pour 100, ci. . . 10 fr.

Plus il y aura de vendeurs et moins Monseigneur trouvera de prêteurs de ses rentes à 3 pour 100; par conséquent, il devra subir la loi que ces messieurs lui imposeront; ce n'est pas trop supposer que d'établir que l'emprunt de 4 pour 100 sera pris par eux à 15 pour 100 au-dessous du cours. On a vu tous les emprunts, faits depuis trente ans en Europe, s'élever dans les premiers quarante jours à 10 pour 100 de prime. Celui-ci atteindra cette valeur aisément. ci. . 10 fr.

Total. . . . 25 fr.

Ainsi, Monseigneur, les mêmes hommes feront rapporter 25 pour 100 à leurs fonds dans six mois;

Et qui paiera tout cela, M. le comte ? L'Etat et les petits rentiers.

Tous ces calculs, M. le comte, étaient déjà à votre connaissance; mais Votre Excellence, occupée de la grande idée de faire une immense opération utile à l'Etat, n'a pas dû en suivre tous les détails. Aujourd'hui, la clameur du peuple vous les dénonce, Votre Excellence y restera-t-elle insensible ?

Enfin, Monseigneur, mon vieillard, dans son état *d'humeur et d'ignorance*, qui est, selon la belle expression de V. Ex., l'état actuel du rentier d'aujourd'hui, ose vous mettre au-dessus de l'abbé Terray; par les talens et l'éloquence, il a certainement raison ; c'était cependant un homme d'esprit, dit mon vieillard qui a eu jadis l'honneur d'être au nombre de ses Pages.

« Car enfin, Monseigneur Terray s'est trouvé
» dans une des positions les plus difficiles et les
» plus orageuses où jamais ministre ait été. Peu
» de gens ont connu et savent surtout aujourd'hui
» toute l'étendue du mal auquel il avait à remédier. »

Vous, M. le comte, votre position est loin d'être difficile; depuis trente ans, les améliorations faites successivement dans votre ministère, ont rendu tout facile autour de vous; il faut certainement de grands talens pour occuper votre place, mais vous n'avez pas de grands maux à guérir en finances.

« Monseigneur Terray suspendit, il est vrai, les

» rescriptions, mais ses mesures avaient été si bien
» prises, qu'aucun accident, aucune banqueroute
» particulière ne fut la suite de cette suspension.
» Monseigneur Terray a laissé des mémoires ; on voit
» qu'il préféra le moindre des maux entre lesquels il
» avait à choisir. Enfin, Monseigneur, Terray dimi-
» nua les impôts, et puis il ne fit que suspendre les
» rescriptions ; il nous laissa du moins l'espérance ;
» et depuis, dit toujours mon vieillard, lorsque
» dans la révolution la loi du 9 vendémiaire an VI
» ( 1er. Octobre. 1797 ) réduisit nos rentes au
» tiers, les deux autres tiers furent payés en bons
» au porteur, admissibles en paiement des biens
» nationaux vendus ou à vendre ; et ceux qui alors
» eurent l'esprit d'acheter avec du papier déprécié
» des biens sans valeur, ne sont pas les plus à plain-
» dre aujourd'hui. »

Vous, M. le comte, vous n'avez pas encore di-
minué les impôts, dit mon vieillard ; vous l'avez
cependant bien promis ; pour moi, je ne doute pas
que vous ne le fassiez un jour.

La mesure que vous venez de prendre n'entraî-
nera probablement pas de banqueroutes ; mais,
M. le Comte, la ruine, le désespoir et la misère d'un
grand nombre de familles seront des accidens qui
signaleront son adoption.

L'abbé Terray laissa du moins l'espérance aux
malheureux porteurs des rescriptions, que, dans
des temps plus prospères, ils seraient payés ; vous,

Monseigneur, vous ne laissez rien aux rentiers du dix-neuvième siècle, en échange de ce que vous leur prenez, pas même l'espérance ! !

Vous avez sans doute lu, Monseigneur, les mémoires de l'abbé Terray ; il y a des détails fort intéressans sur les économies qu'un ministre des finances peut faire, et sur la suppression des abus ; vous savez, Monseigneur, que ses comptes pour les années 1770, 1772 et 1774, sont des modèles d'ordre, de précision et de clarté ; les vôtres se distinguent aussi par ces trois qualités ; mais, Monseigneur, j'ai trouvé dans ses mémoires une maxime que je prie V. Ex. de me permettre de lui rappeler ; elle n'est pas nouvelle, mais, peut-être, vient-elle à propos : il dit qu'en finances *surtout, le mieux est l'ennemi du bien.*

Enfin, M. le Comte, il est une dernière considération que je dois mettre sous les yeux de votre Excellence.

La mesure proposée est avantageuse, dit-on, à l'État et aux rentiers ; mais l'État est la réunion des intérêts de tous, et si la mesure est avantageuse à la classe seule qu'elle intéresse, comme cette classe fait partie de l'État, pourquoi ne pas lui laisser la liberté d'adopter ou de rejeter la mesure qui l'intéresse seule.

A une âme moins grande que la vôtre, à un cœur moins dévoué, on dirait que 10,000 familles croissaient en paix à l'ombre tutélaire du trône, en bénissant le monarque adoré qui nous ramena la paix et l'abondance, et que la manifestation des projets de votre Excellence a changé les cantiques de la reconnaissance . . . . . .

Mais la profonde sagesse de votre Excellence a tout deviné; elle sait que cette réduction du cinquième, sans intérêt pour l'État, sera pour les familles qu'elle ne privera pas du nécessaire, une cause de gêne et d'embarras, un principe de discorde et de division. . . . . . .

Que de choses encore à considérer !

Je prie votre Excellence d'excuser la longueur et les libertés de ma lettre, et d'agréer l'hommage de mon profond respect.

Annette SAUNIER,

Rentière usufruitière de 1,200 fr. de rente.

Imprimerie Anth⁰. Boucher, rue des Bons-Enfans, N⁰. 34.